AF440437

VOTE POPULAIRE

OU

PLAINTES

ADRESSÉES AUX 40 SIGNATAIRES

DE L'ACTE (DE SCHONEN) DU 30 JUILLET 1830

PAR L********,

CITOYEN FRANÇAIS, MEMBRE DU GOUVERNEMENT POPULAIRE
PROTECTEUR DES LOIS.

Quanto creditis facta vestra atrociora esse quàm dicta mea ? (RAMBAUD, *second plaidoyer pour le tiers-état du Dauphiné.*) :

Quelques leçons de Panamyntisme (*secours universel*) suffisent pour convertir la France à la foi républicaine, à moins que ce peuple ne continue à chérir le despotisme royal, ou à moins que tel prince ne se contente d'un pouvoir exécutif entièrement semblable à l'état domestique d'un serviteur à gages.

PRIX : 1 FRANC 20 CENTIMES.

PARIS,

CHEZ L'AUTEUR, RUE St-ANDRÉ-DES-ARTS, No 18;

ET CHEZ TOUS LES MARCHANDS DE NOUVEAUTÉS.

5 AOUT 1830.

Tous les Exemplaires sont signés.

PARIS. — IMPRIMERIE DE AUGUSTE MIE,

Rue Joquelet, n° 9, Place de la Bourse.

VOTE

POPULAIRE.

—

Comment, Messieurs ! hier vous reconnaissez un gouvernement populaire, protecteur des lois et de l'indépendance, et aujourd'hui vous dérangez le duc d'O. de la rive gauche de la Seine (j'ai presque dit du quartier-général de Saint-Cloud), et vous le faites accourir pour le saluer dictateur à l'hôtel-de-ville de Paris !

Arroutinés au manége des cours depuis 1800, et frappés d'une atonie pavorienne pendant les journées du 27, du 28 et du 29 juillet 1830, pas un de vous, pas un député, pas un caporal n'a osé sortir de sa demeure pour se joindre aux véritables Français, aux volontaires nationaux, aux enfants, aux vieillards, aux pères de famille et aux hommes estropiés, qui versaient leur sang pour la patrie et pour la sainte cause de la vérité !

Les héros de ces trois grandes journées ont reconquis sur le despotisme l'empire de la justice et de la liberté, ce sont eux seuls qui auraient mérité de décerner, de recevoir la couronne civique, la couronne palissaire ; et c'est vous, gens inactifs,

qui vous permettez d'en disposer en faveur de l'in-
curie et de l'inaction, c'est vous qui vous permettez de la détourner au profit d'une nullité patri-
cienne et anormale ! Comment se fait-il qu'aux jours
du danger vous étiez absens et qu'à ceux de la sécu-
rité l'on ne voit que vous ?

Vous avez voulu, dites-vous, *sonder l'opinion
générale en gardant pendant le siége de la place un
repos et une neutralité absolue.* Sur quel fondement vous permettiez-vous de suspecter ainsi l'opinion générale, et de douter de la probité parisienne ?
N'avouez-vous pas là une lâcheté qui insulte im-
punément à la vertu publique des citoyens ?

*Vous vouliez prudemment reconnaître la direc-
tion de l'esprit public !* Oh ! que ce langage est bien
celui du mensonge et de la poltronnerie ! Comme
on y reconnaît bien le ton de principaux fonction-
naires et le cachet de gens amollis qui tremblent
pour leurs propriétés menacées du feu ! Comme
vous vous renfonciez dans vos maisons lorsque
vous entendiez le tocsin ! Comme vous aviez tous
peur de mourir à la disette ou d'être passés au fil
du glaive ennemi, et comme vous refusiez soigneusement votre signature et toute rubrique d'imprimeur aux placards et aux circulaires que vos
agens et vos concierges apportaient dans les rues
de Paris ! Comme vous ressemblez ici à vos anté-
cédens ou à vos devanciers du 3 avril 1814, aux
ingrats sénateurs qui décrétèrent l'infamie de Na-

poléon, et combien les hommes indépendans s'enorgueillissent de ne pas vous réssembler!

Vous reprochez à Charles X son impéritie, sa lâcheté chez vous, sa mendicité chez l'étranger : mais quoi de plus inepte que le choix d'un lieutenant-général dont on n'a pas besoin et que repousse la majorité? Quoi de plus inepte que vos craintes d'une intervention étrangère, et vos prévoyances d'une irruption des peuples saintement alliés contre Bonaparte, mais avec lesquels nos rapports ont entièrement cessé d'être les mêmes? Vous dites que la république serait d'un mauvais exemple dans la vieille Europe : que ne dites-vous aussi que la seule monarchie existante en Amérique est une anomalie dans ce nouveau monde!

Quoi de plus absurde que vos conceptions en général et particulièrement l'opinion que vous fomentez contre le gouvernement républicain, enfin vos inégalités de fortune fondées sur la folle prétention que les identités physiques sont impossibles! Combien sont ineptes et absurdes vos modes industriels qui s'entredévorent (luddisme), vos bills de droits, vos chartes de l'une et de l'autre faction, votre système graduel ou d'avancement, qui au bout de dix ans s'arrête bouffi et n'en pouvant plus, vos idées d'honneur, de négociantisme et de possession, vos lieux communs sur le gouvernement paternel et sur la loi salique, vos jaspinages d'académie, de tribune, de barreau et de salon.

Quelle défaveur enfin et quelle pitié n'excite pas votre journée du 31 juillet qui vient de se passer ! Quelle mascarade que celle qui expose à nos regards le cortége d'un *notable* qui étouffe de chaleur, mais sur la figure de qui l'on ménage l'ombre salutaire d'un drapeau tricolore étendu en parasol ? Quelle parade politique que de voir ce débris de cour étalant ses riches brocards, et précédé par un aide-de-camp sur un cheval que quatre jours de repos forcé rendent dangereux pour la foule des spectateurs ! Que cette majesté improvisée ne marche-t-elle environnée d'une garde royale complète, à défaut de la protection plébéienne ? Que ne traîne-t-elle à son char les quatre ducs auxquels on la préfère !

Quand un trône est vacant ou détruit par la volonté du peuple, du moins lui permettrez-vous de ne souffrir à sa tête que la plus haute capacité, la vertu la plus éminente et le plus noble désintéressement.

Le duc d'O. est libéral dans toute la force du mot, dira ce prince. Je voudrais bien qu'on se permît, moi présent, d'avancer que les libéraux ont toujours raison, les absolutistes toujours tort.

Le duc d'O. est CHARITABLE, dira ce prince. Mais n'est-il pas aujourd'hui révoltant qu'un millionnaire se fasse un mérite de bienfaisance et une réputation de probité à si peu de frais, que la cinquantième partie de ses revenus est à peine le montant de ses largesses publiques, et ne serait-il pas plus humain, mieux séant, qu'il pourvût ses compatriotes nécessiteux, et qu'il dotât d'une majorité des biens qu'il possède les dix millions de Français qui n'ont pas six sous à dépenser par jour? Est-il honnête de ne recevoir dans son palais, aujourd'hui, que des notables ou des boutiquiers, et demain que des nobles ou des nouveaux parvenus? Convient-il à un lieutenant provisoire ou inamovible de garder son chapeau en adressant à d'anciens cortès sa trop faible harangue du 3 août, présent mois? Oui, messieurs les députés, je sens que vous approuvez beaucoup toutes ces choses en raison de leur utilité pour vous et pour deux ou trois millions de monarchistes; mais nous voyons avec douleur que les débuts administratifs et la suprématie royale que vous avez octroyés ne présagent rien de grand. Le duc d'O., du théâtre sur lequel vous l'intronisez, témoigne son indifférence pour le peuple et fait voir qu'il ne le comprend pas. Sa froide oraison de lieutenance n'offre dans son impopularité que le juste pendant d'un discours ordinaire de la couronne, vaines paroles pleines de mollesse et, comme dit l'apôtre, *airain sonnant et timballe retentissante.*

Mille questions obsèdent ici ma pensée, et j'ai à vous transmettre en peu de mots la solution de toutes les difficultés que rencontre votre aveugle administration et que trahissent vos actes incertains.

Trente-trois millionième d'une population appelée
à fonder elle-même ses institutions de tout genre,
et partie intégrante du souverain national, j'ai le
droit de dire mon avis quand vous faites connaître
le vôtre (vous qui n'êtes pas plus, peut-être moins
que moi), et je me dois, ainsi qu'à mes concitoyens,
de remplir cette mission à la fois auguste, péril-
leuse et indispensable. Vous allez voir que, dans huit
jours, il ne sera plus loisible à l'honnête homme
de faire le bien ; vous allez voir dans deux mois le
rapport de la liberté de la presse.

Le besoin le plus extrême que nous éprouvions
est celui d'éclairer le peuple et de dissiper les pré-
ventions qui aliènent vos esprits et qui offusquent
vos consciences.

Et d'abord vous ne sauriez prétendre que la monarchie soit préférable à la république, pour oser
traiter la France de *royaume* et lui imposer un lieutenant-général qui a tant et de si intimes rapports
avec un monarque. Ouvrons donc les yeux à la
lumière et voyons dans Bonaparte l'insidieux auteur du préjugé que la forme démocratique ne convient pas à une vaste étendue territoriale : sachons
nous dire que, convoiteux des trônes français et ita-
lien, il ne put passer du consulat à l'empire qu'en
envoyant sur tous les points de la France des ordres secrets et des émissaires chargés de faire triom-
pher par des phrases le système autocratique en
général et de lui faire obtenir en particulier les

votes nécessaire à sa nomination légale. Le peuple tomba dans ce piége assez grossier : pourrions-nous douter aujourd'hui que ce fut à une telle intrigue sourde autant qu'à la force ouverte que nous dûmes l'Empereur et Roi ?

Je vous citerai l'exemple de la république romaine et des Etats-Unis, deux contrées dont chacune est aussi et plus étendue que la France : je ne vous parlerai que de ces deux pays sans arguer du mieux possible. *Mais aussi la république romaine, mais aussi la république française ont péri,* dira-t-on. Je demanderai à mon tour si, un peu plus tard, un peu plus tôt, il n'en a pas été toujours de même des monarchies et généralement de toutes les institutions sociales. Je demande si les Etats-Unis et la Suisse, seulement, ne sont pas plus heureux et mieux organisés que la France et même l'Angleterre. Qu'importe que de certaines républiques au total aient duré peu de temps si les exemples d'euthanasie et de longévité y ont été nombreux, si les sommes de bonheur privé y ont été plus considérables ? Consultez les greffes des tribunaux et les tables de mortalité chez ces différens peuples. Une erreur générale est que l'on considère beaucoup trop l'espèce et que l'on néglige tout-à-fait l'individu. Enfin la polygénésie devra céder quelque chose à la réforme conceptionnaire. La paix perpétuelle sera enfin une vérité.

Le peuple français, direz-vous, *est trop brouil-*

lon, est trop ambitieux pour s'élever à la dignité ré-publicaine : vous lui faites-là un beau compliment! *Le peuple français connaît l'honneur; il ne peut connaître la vertu :* vous avez là une belle idée de son perfectionnement et de sa moralité !

Les Anglais, les Suisses, les Hollandais, les Vénitiens sont flegmatiques. Allez donc tenir ce langage sur les places publiques des villes helvétiques, bataves, vénitiennes et anglaises! Vous entendrez ce que l'on vous répondra en échange. Et d'ailleurs, qu'y a-t-il de moins résolu que la question médicale de savoir si votre clonique, votre dysthésie et votre genre de vivacité réside ou ne réside pas dans la nature.

Je vous conseillerai de citer le calme plat du despotisme, le silence des tombeaux, le protocole de l'étiquette, les soumissions révérencielles, les génuflexions parlementaires, les convenances du favoritisme, le régime des sérails, et la justice vendue.

Je vous conseillerai de citer l'extrême bonheur de la France sous ses rois fainéants, sous Louis XIV, sous Napoléon et sous Louis XVIII.

L'extrême désavantage de la monarchie héréditaire est universellement senti dans les deux mondes, et c'est de cette monarchie que vous nous menacez. Quant à la monarchie élective, je ne vous en parle pas : vous la rejetez sans doute parce qu'elle ressemble trop, selon vous, aux orages et aux commotions desquelles, en mémoire des républiques passées, vous calomniez les républiques futures.

C'est peu que vous ayez appelé le duc d'O. à la lieutenance générale d'un royaume de votre fabrique, il faut de plus que ce duc se rende fort ponctuellement le 3o juillet dans le lieu d'une aussi docte délibération et accède complaisamment à tant de courtoisie et de bonté! Il est si doux de régner en France! Vous le priez de venir : il n'a garde d'y manquer, il se donne la peine d'entrer dans votre Chambre. Mais si le duc était doué d'une portion de cet orgueil et de la capacité que réclame l'ordre du jour, savez-vous ce qu'il aurait dû vous répondre, au lieu d'accepter votre mandat tout haut et de se moquer de vous tout bas?

Je ne puis, Messieurs, qu'être sensible à l'intérêt que vous prenez à moi, mais permettez que je vous dise que dans le gouvernement aristodémocratique que vous préparez à l'état, il faut de nécessité ou que vous soyez tout et moi rien, ou que je sois quelque chose et vous le reste. Dans le premier cas, je suis un illustre automate, mais un sinécuriste, un employé inutile : dans le second cas, qui est le seul que je puisse décemment agréer, je ne puis qu'être nuisible à la chose publique et vous allez voir à quoi vous exposez la France. Qui suis-je donc en effet? qu'ai-je de commun avec le peuple, et qu'ai-je fait pour bien mériter de la patrie?

Né de parens nobles et l'un des riches propriétaires qui existent, accoutumé que je suis à toucher les loyers de mon immense bazar et à donner des ordres dans ce PALAIS-ÉGALITÉ*, vous pensez bien que je n'irai pas, à cinquante-huit ans d'âge, changer le cours de mes habitudes et les objets de mes affections. Je suis fait pour consommer, je n'ai pas cessé de consommer, et c'est tout. Il me faut cinquante millions à dépenser, et vous n'auriez que cent mille francs à m'offrir. Mais supposez un moment que je puisse me passer de vos cinquante millions, mon successeur à la couronne, qui peut-être sera pauvre et qui n'héritera que de mon humeur somptueuse et de mes penchans sybaritiques, mourra de faim (car c'est le mot), et fera la plus triste figure avec son revenu de président. Oui, Messieurs, gardez-vous, quoi qu'il advienne, de porter plus haut la liste civile : tout gouvernant qui demande plus est un fr., comme toute commission qui offre davantage est une esclave.*

Le luxe que doit avoir un souverain n'est pas le luxe immédiat que procure la dépense, n'est pas le luxe vestimentaire et architectural que l'on achète avec l'or, n'est pas le luxe des appartemens et des équipages que l'on achète avec la sueur du peuple ; le seul luxe que permettent les lumières actuelles, la splendeur que réclament les besoins de l'existence humaine, c'est la parure végétale, le parfum de ce vêtement, c'est la création d'un grand-maître des eaux et forêts, président des sept ministres que vous désignez, c'est le boisement et la liquéfaction des montagnes, c'est l'assurance des récoltes et la floraison des bosquets qui en résultent, c'est l'établissement de pépinières dans vos collines, c'est la salubrité à communiquer aux vivres, c'est l'assainissement de l'atmosphère, c'est la fécondation d'un sol appauvri et en butte aux intempéries. C'est à commander aux météores et aux climats qu'il faut mettre votre gloire et votre ambition, c'est à perfectionner les plans de la régénération horticole qu'il faut consacrer votre perfectibilité, c'est autour d'un bon code rural ou montagnard qu'il faut grouper vos institutions politiques et civiles. Il s'agit de féconder les germes de la haute agronomie qu'on vous propose depuis le commencement du siècle, dignes essais du patriotisme des Rauch et des Duvaure, si stupidement méconnus par vous et si profondément ignorés par le peuple.

Dépéchons-nous d'éclairer les masses sur le peu de véritables connaissances solides qui existent, mais qui sont les seules garanties capables de sauver le monde. Gardez-vous de dire à vos commettans et aux derniers du peuple qu'ils n'entendent rien aux opérations gouvernementales et régénératives. La théorie politique est aussi claire chez Franklin qu'elle est embrouillée chez vous ; les élémens de la politique sont presque matériels et *s'adressent au sens commun et aux sens physiques plutôt même qu'à l'esprit. C'est ici la seule , mais c'est la véritable occasion de s'écrier comme dans les Pays-Bas :* Tous les hommes ont une intelligence égale.

Français ! le duc d'O. ne vous parlera point ainsi, d'abord parce qu'il ne le veut pas, mais surtout parce qu'il ne le peut pas...... !

Français ! que l'homme du peuple reçoive la couronne vallaire : il l'a bien méritée, il est le seul qui l'ait méritée. Honneur , après lui, aux castes intermédiaires de la capitale.

Paris (sauf l'état d'une guerre affreuse) ne s'est jamais mieux gouverné que pendant les trois grandes journées du 27, du 28 et du 29 juillet 1830. Grandes choses , intérêts médiocres et à dénominations ridicules, il a tout conduit à un résultat aussi prompt que définitif.

La levée en masse s'est effectuée soudaine , sans attendre de 40 députés un ordre qu'ils n'eussent jamais donné , et ce n'est qu'après l'entière cessation des combats que ces messieurs sont intervenus sous le prétexte de régulariser les opérations de guerre.

Les lanternes étaient brisées par la sollicitude parisienne , et les 40 députés ne se sont aucunement mêlés de vouloir ce bris des réverbères.

La façade des maisons a été illuminée par le public pendant la nuit du 27 au 28 juillet, et les 40 députés dans la journée du 28 n'ont pas manqué de confirmer cette illumination et de donner à cet égard leurs ordres inutiles.

Les palissades étaient dressées soigneusement par les bourgeois, et les 40 leur ont ensuite ordonné de les dresser soigneusement.

Le drapeau tricolore flottait le 28 sur tous les édifices de Paris, grâce au courage des citoyens; et les quarante recourant au style du duc d'O. ont fini par décréter : *Le peuple reprend ses couleurs nationales. Paris 1er. août 1830.*

Quelques voleurs ont été fusillés sur-le-champ par le peuple lui-même, et les quarante ont ensuite homologué cette exécution, et ont offert leurs services quand l'ouvrage était fait.

Les excavations des rues étaient desséchées par la prudence parisienne, et les quarante ont ensuite ordonné aux citoyens ce curage d'eaux stagnantes.

Le peuple voulait marcher de suite sur le point de la banlieue où se trouvait la famille royale, et les quarante, qui ont réprimé ce mouvement judicieux, n'ont réussi qu'à faire traîner la guerre civile en longueur et à laisser à la dauphine le temps de venir.

Le peuple ne voulait rien donner à la famille de Charles X, et les quarante regardent comme nécessaire de lui donner 4 millions. Que résulte-t-il ? Que Charles X, animé par la duchesse d'Angoulême, a refusé avec mépris les 4 millions.

Le peuple, par deux étendards ou inscriptions sublimes déployées devant le duc d'O., dans la journée du 2 ou 3 août, proclame son opinion contre lui, et les quarante ont la bassesse de fouiller ces deux porte-drapeaux, ce qui est un attentat punissable contre la liberté des citoyens, contre la dignité des sauveurs de la patrie, ce qui est un trait d'ingratitude commis par les mêmes députés envers les hommes qui ont soustrait leurs quarante têtes aux couteaux des sicaires fugitifs.

La province et même l'étranger se déclarent constitutionnels bien avant Paris, et au moins aussi énergiquement que cette capitale, et les quarante mêmes hommes attendent encore que la province et les colonies se déclarent constitutionnelles pour nous apprendre s'ils ont la conscience de nos droits et de leurs devoirs.

Français ! après avoir si bien agi, que nous reste-t-il à faire ? Il est nécessaire que nous reconnaissions dans l'ordre social une chaîne immense de laquelle si l'on admet une fois un seul anneau, on se voit contraint d'en supporter tous les autres. Rejetons les vues étroites et les éternelles divagations de nos vieux instituteurs, de notre pauvre et caduque pairie, ainsi que de tous les intrigans qui ne connaissent que les susdits termes *à posteriori*, et remontons ensemble à la source de nos maux.

De quoi s'agit-il principalement ? que le pain soit à bon marché, que vous logiez à bon marché, que vous soyez bien vêtus, et que vous soyez suffisamment instruits.

Le pain est cher 1° par l'état de souffrance où languit l'agriculture ; 2° par les contributions exorbitantes, multipliées, et par le vice radical dont leur mode de session est entaché ; 3° par les accaparemens que font du blé les capitalistes et les courtisans.

1°. L'état de souffrance où languit l'agriculture cessera en partie, par la mise en pratique des vues agronomiques ou pour mieux dire orologiques que je viens de soumettre. Vous voyez donc qu'en vous parlant des ouvrages estimables mais timides et inaperçus des Rauch et des Duvaure, je ne dépasse aucunement le but de la question politique du jour, et que je n'excède en rien le pouvoir populaire et rationnel qui m'est conféré par la victoire du 29 juillet.

2° N'ayant plus ni culte à salarier (chaque religionnaire paie son ministre), ni armée ni gendarmes à soutenir (les levées en masse et les citoyens se suffisent à eux-mêmes), ni droits-réunis, ni autres charges analogues dont la suppression ou du moins la diminution promise ou demandée se fera sans délai comme sans difficulté, nous voyons par là que les contributions, numériquement parlant, seront d'autant moins oppressives, enfin elles seraient presque nulles du moment que vous accepteriez le mode de répartition progressive ou l'impôt doublement proportionnel, duquel il résulte que la petite propriété paie zéro ou fort peu, la moyenne propriété considérablement, et la grande propriété le plus possible; impôt progressif duquel il résulte que les grands propriétaires (à mesure que cette progression s'élève) ne possédant plus qu'à un titre extrêmement onéreux et ensuite tout-à-fait ruineux, se bornent en conséquence à la moyenne et encore plus volontiers à la petite propriété. Voilà ce que je proposerai pour la déconsidération plutusienne, et en place d'une loi agraire que vous jugez impraticable; voilà ce que je proposerai après d'antiques pressentimens et ce que l'on conviendra pouvoir suffire luxueusement aux besoins de l'époque. Oh! qu'elles sont précieuses les premières paroles que nous ont adressées les quarante députés, en sortant de faire leurs trois jours d'émigration ou de réclusion, et en ayant encore un pied, les uns sur les grands boulevarts hors des barrières, les autres sur le seuil de leurs maisons dans Paris : *Prolétaires français!* disaient-ils, *respect aux propriétés (parce que les nôtres en font partie), et malédiction à Phaléas, ce niveleur odieux comme tout ce qui nous vient de l'antiquité!*

3° La grande propriété se trouvant dessaisie de tout moyen d'être ou de dilapider, et la cessation des emprunts résultant de la cessation des besoins, le monopole dont est question et l'usure la plus modérée disparaîtront ou disparaîtraient par

une conséquence même des deux paragraphes pré-
cédents. Plus d'intérêt dans le trafic pécuniaire, pas
plus du côté des capitalistes que du côté des emprun-
teurs. N'est-elle pas déjà révoltante la taxe à laquelle vous réglez le prix du pain par votre arrêté
du 31 juillet dernier ?

*Il s'agit que vous logiez à bon marché, et que
vous soyez bien vêtus*, effets que vous venez de
voir obtenir (ainsi que tous autres) par la lecture
de ce qui précède, ou que la moindre méditation,
apportée par vous sur les mêmes lignes, vous fera
apercevoir surgescens et radieux. Enfin *il s'agit
que vous soyez suffisamment instruits*. Réfuta-
teur des père et fils Jacotot, et récemment arrivé du
Hainaut et autres lieux constitutionnels où je voya-
geais pour l'instruction des peuples, il me sera
permis de remplacer toutes les méthodes universi-
taires et d'enseignement, quand vous aurez jugé
par vous-mêmes et le précepteur qui vous arrive et
les préceptes qu'il vous apporte.

Réunion de quarante députés royaux ! devancez
votre siècle à ma voix ! rappelez votre énergie na-
tive, et rendez-nous témoins de vos jeunes élans !
Que l'heureux instinct de ce qui est utile se réveille
dans vos âmes et développe vos intelligences ! éle-
vez-vous de toute votre hauteur possible, si vous
ne voulez pas rester en dessous de la majesté du
peuple. Déférez et faites-vous à mon langage de
véracité, qui seul convient à la bonne conscience

et aux grandes pensées. Rendez-vous les échos de mes paroles, et faites retentir parmi les Français les accens d'une raison qui se croit et qui sera jugée forte, puisqu'elle se recommande par vingt-cinq ans de culture assidue, puisqu'elle est épurée en quelque sorte par les malheurs du siècle et par mes propres infortunes.

Enfant de 89, dont je n'ai recueilli que des calamités ; glorieux d'un père qui porta le bonnet rouge, mais qui ne vota aucun crime, et enfin victime échappée à la révolution de 1821, il m'est doux, dans ce cours avancé d'une vie errante et tumultueuse, de pouvoir notifier mon passage sous les drapeaux qu'arbore le triomphe de ma patrie.

Quant à vous, quarante députés provisoires, accomplissez le bonheur de la France, écoutez dans mon discours sans apprêt le philosophe qui s'autorise d'une masse de volumes encyclopédiques et de procès-verbaux, tous le fruit de ses études et la teneur de son expérience. C'est avec cet arsenal intellectuel que je combattrai mes antagonistes, c'est avec ces documens positifs que je surveillerai les destins de l'Europe ; et si je succombe au milieu de mes proclamats, vous ne craindrez pas d'avouer aux deux hémisphères que mes nombreux ouvrages sont le testament politique et inaltérable dont je vous aurai confié la première exécution.

POST-SCRIPTUM.

Louis-Philippe-Joseph avait pour bisaïeul Philippe le régent. Le régent était fils de Philippe de France, frère de Louis XIV, fils de Louis XIII, fils lui-même de Henri IV, le premier des Bourbons. Le duc L. P. par sa naissance est même plus près de Henri IV que les individus capétiens qui marchent sur Cherbourg.

Pendant les trois journées des 27, 28 et 29 juillet, toute la population a contemplé sur les murs de Paris le placard intitulé *Plus de Bourbons :* mais le lendemain 30 juillet ce placard a été recouvert sur les murs par l'acte signé *de Schonen*, et depuis ce jour il n'a plus été possible de lire la première affiche. Voyez la chanson de Béranger :

Elez Barbon regn toujour !

Il est bien étonnant que les élèves des trois écoles, qui ont tant fait pour la patrie et qui sont les premiers élus du peuple, soient exclus du droit de siéger sur les bancs des députés et d'exercer leur influence nationale sur les délibérations actuelles. Les étudians, à défaut de ce droit, et au nom du peuple français, protestent hautement contre les prétentions de la chambre de constituer un gouvernement.

On s'entretient d'une protestation que le corps des avocats se propose de signer, contre la légalité des délibérations des chambres; mais en attendant que cette protestation paraisse, lisez toujours les six journaux démocratiques : *La Révolution*, *La Tribune des départemens*; *La Voix du peuple*, *Le Patriote*, *Le Moniteur des Faubourgs* et *Le Tocsin national*.

Les élèves des trois écoles auraient bien valu, dans leur sympathie avec le peuple et dans leur union, les trois pouvoirs d'un roi et de deux chambres, c'est-à-dire la plus chimérique des pondérations. Ces dignes enfans de la patrie auraient bien valu les stupéfiés sénateurs qui se cachaient dans leurs hôtels ou châteaux.

On a remarqué avec regret que le duc d'O. s'est couvert en parlant à la chambre. (*Journal de Paris*, 4 août 1830.)

Il n'y a de parfait que les gens qu'on ne connaît pas. (La marquise DE BOUFFLERS.)

Le premier bien qu'un roi bienfaisant et sage voudrait faire aux autres et à lui-même serait d'abdiquer la royauté. (J. J. ROUSSEAU.)

Obeir sur ltrone, il vau mieuz en tomber.

(*Le Maire du Palais.*)

On ne gouverne pas hors de la majorité. (CHATEAU-BRIANT.)

Le fondement de toutes sortes de gouvernemens est le consentement unanime du peuple, ou de sa plus grande et plus forte partie. (TEMPLE.)

Tout être qui gouverne n'a point affaire à des êtres libres. (LINGUET.)

Ce n'est pas assez dire qu'un roi doive être paternel et attaché à ses peuples, il faut encore qu'il ait pour eux la vive tendresse qu'une mère porte à son nourriçon. *Sémiramis* signifie *colombe*. *L'expérience*, dit M. de Saint-Ange, *apprend qu'il faut être trop bon pour l'être assez.* Bref, il ne faut de compétiteur à la couronne que des Kirle, des Abauzit, des Eccles, des Dhele, des Leguide, des Masson, des Mentelle, des Washington, des Chabot, des Alfred, des George Fox, des Olivier de Serres, des Induciomar, des Valère-Asiatique, des Bérulle et des Larivière.

Un utopiste anglais a calculé que si les divers travaux de la campagne étaient répartis entre tous les citoyens, chacun d'eux n'aurait pas une heure à travailler par jour. Le plan que je possède sur ce sujet n'exigerait pas seulement une demi-heure de travail individuel. Je n'ajoute pas à ce dernier avantage les biens spontanés que procurerait la dissémination ou végétalisation naturelle. Je ne parle pas non plus de l'allégresse générale et de la santé acquise au milieu de telles occupations, au milieu de tels amusemens, je ne parle pas du vif intérêt personnel (de l'intérêt d'égoïsme) que les rois, les prêtres, le duc d'O. lui-même et tous les panamyntistes ensemble trouveraient à s'acquitter d'une tâche aussi légère, à s'abandonner à d'aussi doux plaisirs, et à recourir à cette innocente régénération. Le temps approche où les utopies se déniaiseront, cesseront d'être imaginaires, seront officielles parmi les citoyens et feront le bonheur de l'humanité.

Des siècles se sont écoulés depuis le 26 juillet. (*Constitut'onnel*, 2 août 1830.)

Vous aurez en votre qualité de lieutenant-général du royaume à faire proclamer l'avénement de Henri V à la couronne. (CHARLES X au duc d'O., 2 août 1830.)

Nous sommes préparés à voir proclamer Napoléon II ou la république. (*Journaux anglais* du 31 juillet 1830.)

Les Français chercheront-ils immédiatement un nouveau souverain, après avoir échoué dans la tentative de faire sentir au vieux monarque les dangers de s'opposer à l'esprit du siècle? Ils ont trop de moyens de résistance légale encore ouverte pour recourir à ces mesures extrêmes, et si elles étaient essayées, la crainte de l'anarchie les ferait avorter. (*Globe and Traveller*, 28 ou 29 juillet 1830.)

Le peuple est presque toujours à peu près, comme les vieux garçons riches et infirmes, le jouet de tous ceux qui sont à ses gages. (LINGUET.)

Il n'y a pas de contrat capable de garantir la foi des princes. (*Morning-Chronicle*, 31 juillet 1830.)

Le nom de république se réunit dans la pensée à l'image de toutes les vertus. L'esprit républicain exige de la sévérité dans le goût, dont la bonté est inséparable de celle des mœurs. Les républiques ne peuvent exister sans la liberté de la presse ; et dans tout pays où elle est établie, aucun homme public, aucun homme connu, ne peut résister au mépris, si c'est le talent qui l'inflige. (Madame ROCCA.)

Lord Stuart dit à Charles X que l'Angleterre ne l'aidera point à renverser la Charte.

La fortune réduit souvent les grands de la terre à implorer le secours de cette populace qu'ils conspuaient. (BOISTE.)

La protestation, l'adresse au duc d'Orléans portent un cachet de mollesse et de langueur. (*Globe*, 5 août 1630.)

On reprochait à milord Saarboroug, dans la chambre des pairs, de prendre le parti du roi parce qu'il avait une belle charge à la cour. *Messieurs*, dit-il, *pour vous prouver que mon opinion ne dépend pas de ma place, je m'en démets à l'instant.*

Ah ! pourquoi, quand la vie n'est qu'un songe, vouloir se mêler dans un sénat corrupteur pour y combattre une hydre vénale toujours renaissante de ses blessures. (J. L. baron de MACKAY, ancien législateur, demeurant à Tournay en Belgique.)

Le bruit se répand que le drapeau tricolore est arboré à Bruxelles. (*Journal de Paris*, 4 août 1830.)

Le préfet de police A. Girod (de l'Ain) a reçu les commissaires de police des douze arrondissemens de Paris et leur a donné l'assurance qu'ils seraient tous maintenus. (*Corsaire*, 4 août 1830.)

Une nation ne se compose pas d'une ou de quelques familles, mais de toutes les familles. (BOISTE.)

Quand la tyrannie enrichirait plus d'hommes qu'elle n'en ruine, ceux-là ne seraient pas encore les plus forts ; car alors on ne compte pas, mais on pèse, on apprécie. (CICÉRON.)

La nation seule a vaincu, à elle seule doit revenir le fruit de la victoire. Le peuple ne déposera ses armes qu'après que sa conquête lui aura été assurée. (HUBERT, président du comité populaire, affiche du 1er août 1830 commençant par ces mots : *Adresse présentée au général.*)

Au moment où le duc d'O. allait sortir de la chambre des députés avec sa famille et le cortége qui les accompagnait, on a arrêté deux individus porteurs d'un drapeau tricolore voilé d'un crêpe noir, et portant pour inscription les mots : *Suzeraineté du peuple.* (*Débats*, 4 août 1830.)

Un incident est venu troubler la tranquillité devant la chambre des députés. Quelques étourdis ont promené sur la place un drapeau tricolore couvert d'un crêpe en criant : *La liberté ou la mort.* (*Messager*, 5 août 1830.)

Plus on a d'expérience, plus on se détrompe de cette idée que le peuple est une hydre redoutable qu'il faut enchaîner. (HUME.)

Le remède aux passions populaires n'est pas dans le despotisme, mais dans le règne de la loi. (Mme ROCCA.)

Il y a des êtres tellement amis de l'ombre, qu'aussitôt qu'ils aperçoivent un rayon de lumière, ils le prennent pour un éclair précurseur d'un violent orage. (SÉNÈQUE.)

L'amour ou la haine des peuples ne doit pas être la règle de ton amour ou de ta haine : examine s'ils ont raison. (CONFUCIUS.)

Oui, mes chers frères, soyez tous chrétiens, et vous serez d'excellens démocrates. (Le cardinal CHIARAMONTE, depuis PIE VII.)

On ne sait que mettre au bout de l'étendard tricolore. Ne réinventez pas la pique; la fleur de lis en a déjà été une. Préférez à tout le coq gaulois : ce signe de ralliement vous rappellera que les plus nobles provinces de la patrie n'ont pu être vaincues par César, Auguste, Tibère et Caligula. *La France, dit Napoléon, recèle dans ses montagnes des Souliotes et des Monténégrins que pervertissent des voisinages républicains, et dont il ne faut pas espérer la soumission.*

L'indépendance vous place de niveau avec les plus fiers de ceux que décore la toison d'or. (FRANKLIN.)

Ce n'est que parce qu'il y a trop de gens pauvres, qu'il y a tant de pauvres gens. (SALGUES.)

Mirabeau (l'orateur de la constituante) ne montait guère à la tribune qu'après s'être approvisionné de ce qu'il avait entendu autour de lui.

Voyagez! les préjugés sont comme les *plantes* qui perdent leur force sous un ciel étranger. (DUC DE LÉVIS.)

Ange de bonté, perle d'honneur, homme célèbre, richard à la mode, quiconque vote pour la monarchie (surtout celle héréditaire) est un être abruti et qui restera dépravé tant qu'il ne voyagera pas dans un pays libre ou qu'il n'aura aucun pressentiment du Panamyntisme, cette doctrine que je fonde par mes écrits, que je soutiens par ma conduite, que je cautionne par ma présence et que j'enseigne à qeui veut m'entendre. Que n'ai-je, dès le présent 5 août, publié un seul ouvrage de politique spéciale ! je ne serais pas réduit à m'adresser moi-même cet éloge prématuré, que LE PANAMYNTISME EST UNE PUISSANCE FÉCONDE ET AMIE AUTOUR DE LAQUELLE DEVRONT PROCHAINEMENT SE RALLIER TOUS LES HOMMES.

Signé, PHILOLAUS.

L'auteur de ce *Vote populaire* s'est transporté en personne chez quatre imprimeurs de son quartier (rues de H., de V., de R., des M.-S.-G.), et les a priés les uns après les autres, le 5 et le 6 août, d'imprimer cette brochure à ses frais, en assumant sur lui toute responsabilité. Ces messieurs s'y sont refusés. Le dernier à qui je me suis adressé a critiqué le mot *sybaritique*, dont je me sers pour qualifier les inclinations du duc d'O. J'ai répondu que je ne tenais en cela sur le compte de ce prince que le langage qu'il faut employer contre toute la classe des riches et des consommateurs nobles ou roturiers, à l'exception d'un très petit nombre de personnes heureusement nées (*ferrea progenies*). J'accuse ici le siècle plutôt que l'individu, et je parle en médecin, en patriote, en sectaire et en néologue, saisissant l'occasion de faire passer un mot utile.

J'ai dit à ce même imprimeur que si le peuple allait à de nouveaux comices, ce que tout le monde désire et ce qui est d'une obligation urgente dans nos intérêts actuels, le peuple, c'est-à-dire les dix-neuf vingtièmes des Français, choisirait pour président (ou pour roi) la vertu la moins suspecte et la plus éprouvée, l'individu qui aurait le plus réfléchi sur les choses humaines. C'est un malheur pour tout candidat d'être en avant, et surtout de s'y mettre, et surtout d'y être appelé par les cinquante et tant de messieurs qui se mêlent depuis six jours de beaucoup d'affaires qui ne sont pas les nôtres. J'ai osé dire à M. B., et je répète à l'Europe que si les Français (le département de la Seine seulement) se rassemblaient en pouvoir constituant, le choix de la majorité ne se porterait pas sur le duc d'O. Cette prévision de ma part est nécessaire pour mieux faire ressortir les demi-mesures, les coups d'état, le régime provisoire et l'illégalité représentative qui se déchaînent contre nos libertés. Je voudrais avoir une fortune considérable et les meilleurs motifs d'aimer la vie, et j'engagerais de suite l'une et l'autre pour authentiquer ma déclaration. Que les cinquante nomment un roi, et tel ou tel roi, s'ils veulent fausser l'opinion publique et parjurer leur conscience; mais il reste certain que la voix du peuple ne ratifiera point cet avénement. On dit que ce duc d'O. fut toujours homme de bien, ce n'a toujours pas été en acceptant le titre de colonel-général des hussards (pour commander au besoin la guerre civile), et en se pavillonnant tantôt de la fleur de lis, tantôt des couleurs nationales, suivant le mérite et au gré des événemens contemporains. On dit que le duc d'O. par la suite deviendra intègre, les cinquante prétendus commis, à qui on laisse tout pouvoir, lui fourniront d'assez grandes occasions de se révéler aux incrédules.

L'honorable monsieur A. M., qui veut bien imprimer ma brochure, a la bonté de faire observer qu'attendu ses nombreuses occupations du moment, il n'a pu faire autrement que de retarder de quelques jours l'apparition du *Vote populaire*.

Que les jeunes gens des trois écoles, au lieu de rester à la porte de la chambre des députés, ne sont-ils entrés dans l'enceinte ! Que ne s'y sont-ils écriés comme d'autres Grégoire : *Oui, messieurs, nous sauverons la liberté naissante qu'on voudrait étouffer dons son berceau, fallût-il pour cela nous ensevelir sous les débris fumans de cette salle.* Les nouveaux directeurs du palais Bourbon ne les eussent pas écoutés ! eh bien ! ils auraient fâit du 7 août 1830 un 18 brumaire an VIII ! Ils étaient au nombre de 7 à 800 comme les représentans du peuple de quatre-vingt onze ; la chambre eût été vidée de fail comme elle était vacante de droit ; les vieux députés se seraient résignés comme le vieux Charles X ; enfin une commission illégale et impure aurait fait place à un digne corps législatif. Les jeunes gens avaient servi la cause populaire dans les combats du mois de juillet, ils s'étaient battus pour le peuple, sur le même, terrain et à ses côtés, ils en étaient les élus depuis les jours de la sanglante bataille ; ils en eussent été les protecteurs à la barre de la nation. Un jeune homme détaché de ses camarades aurait, au premier coup de tambour, ramené avec lui, de tous les coins de la ville, et les vainqueurs du 29 juillet, et tout ce que Paris renferme de moral et d'énergique.

Un président, non le doyen, mais le moins jeune, un président nommé par acclamation, choisi par eux-mêmes et parmi eux-mêmes et sans être demandé à personne, un tel président l'eût été à la fois de leur assemblée patriotique et de la France entière.

Le duc d'O. adopte les couleurs nationales, et souscrit la seconde édition de la Charte de Louis XVIII ! Et Louis XVI donc, n'avait-il pas aussi adopté les couleurs nationales, et n'avait-il pas signé la constitution de 1791. Orléanistes, dites-nous ce que le pauvre Louis XVI est devenu.

Prenez garde que les étrangers s'abstiennent de déclarer la guerre à la France par respect pour le duc d'O., lui qui a porté les armes contre eux. Aussi Son Altesse a-t-elle cru devoir nous prévenir que *le péril est immense.*

Vous verrez peut-être que nous aurons la guerre pour soutenir les droits de Henri V ou d'un autre duc, et que les Français dans quelques années renverront S. M. P. en la traitant d'usurpatrice, de superstitieuse, d'incapable, et en lui reprochant l'article *Illégitimité du duc de Bordeaux.*

L'intervention étrangère est un vieux et absurde rêve, etc. (*Messager,* 2 août 1830.)

En quoi consisterait, dans ce cas, le *péril immense* dont parle le discours ducal ?

La France, telle que je voudrais qu'on la gouvernât, loin de nous brouiller avec nos voisins, ne s'attirerait que de nouveaux témoignages de leur amour et l'offre de leurs services. Ce serait à la fois une satisfaction pour tous les cœurs et une nécessité mutuelle, attendu que le concours de tous les peuples et la fusion de tous les efforts sont les excellens moyens de réédifier la charpente du globe ou de fonder notre grande architecture végétale sur les points les plus essentiels, c'est-à-dire en commençant les plantations par les plus hautes sommités relatives soit au centre de la terre, soit au niveau de la mer.

Notre occupation de la régence d'Alger, dont je ne dirai rien de ce qu'il y aurait à en dire sous le rapport d'une politique vulgaire, devra, panamyntiquement parlant, devenir d'une immense utilité pour les vainqueurs et pour l'Afrique.

Le soleil de la liberté a éclairé les belles journées des 27, 28 *et* 29, a dit un journaliste. Qu'on ne s'étonne pas de ce beau temps, c'est le canon seul qui en a procuré le miracle. Il est certain que, tant que l'Europe ne changera pas de manière de voir et de se conduire, on ne peut espérer de beau temps que par des batailles d'Austerlitz et des révolutions de Paris.

La disette vraie ou factice fut toujours un levier entre les mains des conspirateurs. Ayons un bon plan d'éducation, un bon plan d'agriculture, nous aurons tout. (GRÉGOIRE.)

Qu'entend le royal Sacombe par *palais marchand?* est-ce le Palais-de-Justice ou le Palais-Royal?

Eschyle dit qu'un nouveau maître est toujours dur; mais il se trompe, car le plus souvent un nouveau maître fait son ballet neuf.

De 1800 au 30 juillet 1830 nous avons eu deux factions en France, la monarchie et le libéralisme. Aujourd'hui tout est changé, nous avons l'orléanisme et la démocratie. On n'a pas laissé le temps au mot *libéralisme* de devenir français. Le siècle est en marche, ou, pour mieux dire, il galope.

Le Français de pied en cap est horriblement canin aux yeux de l'étranger; mais quand l'étranger ne parle que de sa tête, il dit que c'en est une de linote.

En 1709, il y eut, à Londres, un ballet du pouvoir despotique et du pouvoir républicain. Ce dernier était figuré par une ronde où chacun donnait et recevait également. Quant à l'autre, voici en quoi consistait l'allégorie. On voyait un premier ministre, après un entrechat, qui donnait en cadence un grand coup de pied dans le derrière au second; celui-ci le rendait au troisième, et enfin celui qui recevait le dernier coup figurait le gros de la nation, qui ne se vengeait sur personne. (VOLTAIRE).

Canaillocratie est une expression aussi impie en grammaire qu'en politique. Dites *Ochlocratie.*

La classe de la société où j'ai trouvé le plus d'hommes respectables est celle des fiacres. (MABLY.)

Il y a des écrivains qui disent *l'ex-duc d'O., Son ancienne Altesse Royale, le ci-devant Prince.* Ils ont tort, ces généreux amis, et, quelque chose qui arrive prochainement, il faut dire tout court : *le duc d'O., Son Altesse Royale, le Prince.*

Le peuple serait mieux appelé le trentième état que le tiers-état.

Il n'y a qu'une seule santé, une seule maladie, un seul remède, une seule patrie, un seul gouvernement.

Lisez l'excuse de la mendicité par Linguet, son éloge dans Glotakipan-Lexic.

Les lois qui diversifient la condition des hommes ne renversent pas les naturelles, et ne peuvent empêcher que ce qui est fait selon la nature de l'un ne soit utile à tous. (RAMBAUD à Alian, 1598.)

Le roi disait en 1791, *la nation, la loi, le roi.* Le duc d'O. dit en 1830 : *Le roi* (primo mihi), *la loi* (tant bonne que mauvaise), *la nation* (il n'y a pas de souveraineté populaire.)

Le président de Harlay disait à Henri III : *Dieu veuille qu'il ne vous entre oncques dans l'esprit que vous soyez roi par force ; tels règnes sont règnes de pirates et de voleurs et changent de face en chaque saison de l'année.*

Qu'importe à l'orgueil où il place les *insignes* de la domination, on lui a vu tour à tour des talons et des bonnets rouges. BOISTE.

Les ouvriers ont versé leur sang et ont prodigué leur vie pour les libéraux. Que les libéraux donc versent leurs fonds dans la caisse populaire, et prodiguent leur argent aux ouvriers; ou qu'ils cessent de contaminer leur nom de *libéralisme*, qui signifie *générosité, liberté.*

M.

Le sieur L********, 1° fondateur des PANDIDACTS, chefs-lieux d'enseignement, ou écoles universelles de gymnastique (musicale, manuelle, calligraphique, pédestre, même équestre, lecture en dansant et en chantant, sculpture, patinage, navigation, etc.), de littérature (style physiomythologique, versification française assortie à la musique, et facilitée, etc.), de langues (toutes celles musicales, anciennes et modernes, orthographe *neografomonimiq* de même musicale, etc.), et de sciences (harmonie oculaire non moins que phonique, géométrie euclidienne, cosmographie, stécologie, etc.) comparées et simultanées, c'est-à-dire dont l'enseignement à la fois primaire et supérieur, est mené de front, s'administre également aux deux sexes et à tous les âges, se trouve par son utilité à la portée des intelligences les plus ordinaires, et a pour base les découvertes, procédés et principes (surtout physiques) du fondateur; 2° chef du PANAMYNTISME (secours sanitaire universel, prospérité individuelle, théocratie représentative, substitution pratique de l'ordre naturel aux efforts de l'industrie, grand amendement aux météores et aux climats, sagesse humaine rectifiant le cours des saisons, des nuages et des astres, cessation des études purement spéculatives et des occupations sérieuses parmi les hommes, seule doctrine écrite qui réponde à toutes les objections, et dont l'auteur ait commencé à les résoudre par des leçons orales, réfutation de tous les systèmes politiques et de toutes les méthodes gymnastiques, hygiéniques et d'éducation, critique générale et impartiale de toutes les maximes que professe la civilisation ainsi que de tous les travaux qu'elle exécute);

A l'honneur de vous informer qu'il donne en ville, à la campagne et chez lui des leçons particulières de Panamyntisme (intégral, tel qu'il vient d'être défini), lesquelles consistent dans la lecture d'une partie des ouvrages qu'il a composés sur cette doctrine et ont lieu en attendant la publication partielle qu'il fera de ces mêmes ouvrages, qui sont au nombre de cinquante, dont quinze dictionnaires.

Il a l'honneur d'être, avec respect, M.,

Votre très humble et très obéissant serviteur,

L********.

Il est indispensable d'affranchir les lettres.